30분에 읽는 하버드 비즈니스 바이블

하버드 비즈니스 스쿨 사업계획서의 정석

Harvard
Business
Review
Press

30분에 읽는 하버드 비즈니스 바이블

하버드 비즈니스 스쿨 사업계획서의 정석
스타트업을 위한 사업계획서 쓰기

1판 2쇄 2021년 12월 3일
발행처 유엑스리뷰 | 발행인 현호영 | 자은이 윌리엄 살먼
올긴이 박윤정 | 주소 서울시 마포구 월드컵로 1길 14, 딜라이트스퀘어 114호
팩스 070.8224.4322 **| 이메일** uxreviewkorea@gmail.com

ISBN 979-11-88314-21-8
시리즈 ISBN 979-11-88314-19-5

HOW TO WRITE A GREAT BUSINESS PLAN

by William A. Sahlman

하버드 비즈니스 스쿨
사업계획서의 정석

HOW TO WRITE A GREAT BUSINESS PLAN

스타트업을 위한 사업계획서 쓰기

윌리엄 살먼 지음

박윤정 옮김

유엑스 리뷰

〈하버드 비즈니스 리뷰〉는 1922년 창간 이후 경영 방식에 놀라운 변화를 일으킨 수많은 아이디어의 주요 원천이 되어 왔으며, 그중 대다수가 오늘날까지 언급되며 경제와 경영 전반에 걸쳐 영향을 주고 있다. 그리고 이제는 이 시리즈가 발간되어 그 중요한 글들이 여러분의 서재에 오래도록 남을 수 있게 되었다. 이 시리즈는 발간될 때마다 최고의 실행 전략을 만들어내고 전 세계의 셀 수 없이 많은 경영자들에게 영감을 불어넣어 주었으며, 오늘날 여러분이 비즈니스에 대해 생각하는 방식을 바꿔놓을 놀라운 아이디어를 전하고 있다.

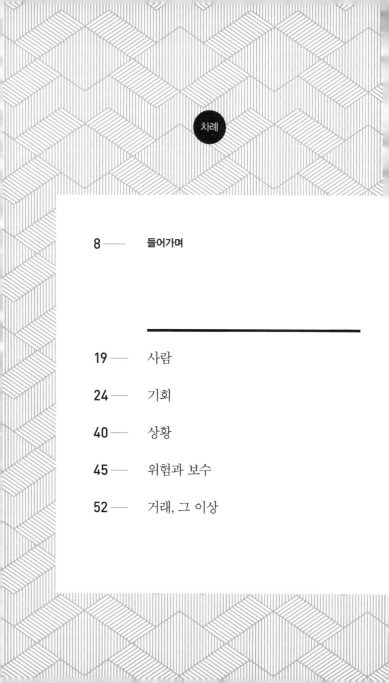

차례

들어가며

비즈니스 중 새로운 벤처만큼 관심을 끄는 분야는 없고 벤처의 창업에서 사업계획서만큼 관심을 끄는 요소도 없다. 이미 수없이 많은 책들과 유수의 언론매체 기사들이 이 주제를 해부했다. 미국 전역에서 매년 열리는 사업계획서 경진대회의 수는 점점 늘어나고 있으며, 다른 나라에서도 마찬가지다. 학부와 대학원에는 사업계획서를 주제로 한 강의가 개설되어 있다.

이렇게 사업계획서를 둘러싸고 야단법석을 떠는 것을 보면 광택 나는 5색 차트, 꼼꼼히 작성한 한 뭉치의 스프레드시트, 10년 치 월별 재무예측만 있다면 어떤 예비 창업자라도 사업에 성공할 것만 같다.

하지만 현실은 전혀 다르다. 수백 개의 스타트업 기업을 살펴본 내 경험에 따르면 벤처의 성공 여부를 가늠하는 예측지표로서 사업계획서의 가치는 10점 만점에 2점도 안 된다. (사내벤처 창업과 관련해서는 이 책의 끝에 있는 "사업계획서: 창업가만을 위한 것인가?"를 참고하기 바란다.) 그리고 사실 문서작업이 정교하게 되어 있을수록 벤처기업은, 뭐랄까, 망할 확률이 크다. (더 완곡한 표현을 찾을 수가 없었다.)

대부분의 사업계획서에서 무엇이 잘못됐는가? 그 답은 간단하다. 대개는 숫자에 너무 많은 부분을 소모하느라 똑똑한 투자가가 정말 중요하게 생각하는 정보를 담지 못한다. 신생 회사의 재무예측—특히 1년 이상의 기간에 걸친 상세한 월별 재무예측—이란 상상에 불과하다는 것을 경험 많은 투자가는 잘 알고 있다. 기업가적 벤처는 너무나 많은 불확실성에 직면하므로 이익은 고사하고 매출도 예측할 수 없다. 게다가 목표 달성에 필요한 자본과 시간을 정확히 예상할 수 있는 창업가는 거의 없다. 대부분의 창업가들은 매우 낙천적이라 여유롭게 여지를 두고 예측을 한다. 투자가는 이런 여지가 개입된다는 걸 알기에 사업계획서의 숫자를 그만큼 깎아서 본다.

이런 행동 양상은 부정확성이 중첩되는 악순환을 낳을 뿐이며 누구에게도 도움이 되지 않는다. 내 말을 오해하면 안 된다. 물론 사업계획서에는 숫자가 들어가야 한다. 다만 창업가 팀이 벤처기업의 성패를 가늠할 주요 지표에 대해 충분히 생각했음을 보여주는 비즈니스 모델의 형태로 나타나야 한다는 것이다. 제조업에서는 그 지표가 제조공정의 이익률일 수 있고, 출판업의 경우는 예상 갱신율, 소프트웨어의 경우는 다양한 유통채널의 활용 효과가 될 수 있다. 또한 비즈니스 모델은 손익분기점의 문제를 다뤄야 한다. 판매량이 어느 정도가 되면 이익이 나기 시작하는가? 더욱 중요한 것은 '언제 현금흐름이 발생하는가?'라는 문제다. 어떤 사업계획서든 이런 질문들에 두어 장을 할애한다. 맨 뒤쪽에.

그럼 앞에는 어떤 내용이 들어가는가? 좋은 사업계획서는 어떤 정보를 담고 있는가?

당신이 투자가의 언어를 구사하고 싶다면—

또한 사업가로서 경력을 시작하는 힘든 여정에 앞서 스스로에게 올바른 질문을 하고자 한다면 —여기서 제시하는 프레임워크를 토대로 사업계획서를 작성할 것을 권한다. 이 프레임워크는 벤처 창업 분야의 몇몇 최신 방법서나 소프트웨어 프로그램이 내세우는 그런 종류의 성공공식은 제공하지 않는다. 뇌수술 안내책자처럼 자세한 과정이 나와 있는 것도 아니다. 그보다는 모든 신생 벤처기업에 가장 중요한 네 가지 상호 연관된 요소들을 체계적으로 평가해 준다.

사람들. 벤처기업을 창업하고 운영하는 사람들과 그 벤처기업에 핵심 서비스나 주요 자원을 제공하는 변호사, 회계사, 공급업체 등의 외부 당사자들.

기회. 사업 자체의 프로필―무엇을 누구에게 판매할 것인지. 사업이 성장할 것인지 그렇다면 얼마나 빨리 성장할 것인지. 경제적 조건은 무엇인지. 누가 혹은 무엇이 성공의 장애요인인지.

상황. 큰 그림―규제 환경, 금리, 인구변화 추세, 물가상승 등등―즉, 기본적으로 불가피하게 변화하지만 창업가가 통제할 수 없는 요인들.

위험과 보수. 잘되거나 잘못될 수 있는 모든 요인을 평가하고 창업가 팀의 대응 계획을 논의.

이 프레임워크를 뒷받침하는 가정이 있다. 위대한 기업들이 공통적으로 갖고 있는, 찾아내기는 쉽지만 함께 조합해 놓기는 어려운 속성들이 존재한다는 것이다. 위대한 기업들은 조직의 꼭대기부터 말단까지 경험 많고 활기 넘치는 관리자 팀을 가지고 있다. 그 팀의 구성원들은 자신들이 추구하는 기회와 직접적으로 관련이 있는 스킬과 경험을 갖추고 있다. 그들이 과거에 함께 성공적으로 일해 본 경험이 있다면 더욱 이상적일 것이다. 이런 기업은 매력적이며 지속 가능한 사업모델을 가지고 있으므로 경쟁력을 만들고 유지할 수 있다.

사업의 규모와 범위를 확장시킬 수 있는 여러 가지 옵션이 존재하며, 이런 옵션들은 해당 기업과 그 팀만 가지고 있는 고유한 것이다. 이 사업에서는 긍정적인 수확—즉 매각—을 통해서든 규모의 축소나 폐지를 통해서든 다양한 방식으로 가치를 얻어낼 수 있다. 또 규제 환경이나 거시경제 환경의 상황이 우호적이다. 이런 회사의 관리자 팀은 위험 요소를 파악하고 있으며 어려운 상황이 발생할 경우 그 영향을 경감할 수 있는 방법들을 고려해 놓았다. 간단히 말해, 위대한 기업들은 프레임워크의 네 부분을 완벽하게 커버한다. 현실이 이렇게 깔끔하면 얼마나 좋을까.

사람

나는 사업계획서를 받으면 언제나 이력서 부분부터 읽는다. 신생 벤처기업의 인적 구성이 가장 중요해서가 아니라, 제대로 된 팀이 없다면 계획서의 다른 부분은 전혀 중요하지 않기 때문이다.

나는 일련의 질문을 생각하면서 벤처기업 팀의 이력서를 읽는다. (이 책의 끝에 있는 "그런데 이 사람들은 누구인가?"를 참고하기 바란다.) 모든 질문은 벤처기업 팀원들에 대한 똑같은 세 가지 이슈로 귀결된다. 그들은 무엇을 아는가? 그들은 누구를 아는가? 그들이 얼마나 잘 알려져 있는가?

그들이 무엇과 누구를 아는지는 통찰력과 경험의 문제이다. 팀원들이 업계참여자들과 그들 사이의 역학관계를 얼마나 잘 알고 있는가? 투자가들은 해당 업계를 몇 번 드나들었던 관리자를 높이 평가하기 마련이다. 따라서 사업계획서는 신생 벤처기업이 다루는 제품이나 서비스, 제조 공정, 시장 자체, 경쟁사부터 고객에 이르기까지 팀원별로 갖고 있는 지식을 솔직히 서술해야 한다. 팀원들이 과거에 함께 일한 적이 있는지를 적는 것도 도움이 된다. 대학 때 룸메이트라서 같이 놀았던 그런 경험 말고 함께 '일했던' 경험 말이다.

또 현실적으로 투자가들은 신생기업과 일하는 것을 선호하지 않는 경우가 많아서 알려진 팀일수록 우호적으로 본다. 신생기업은 예측하기가 너무 어렵기 때문이다. 하지만 신생기업을 운영하는 사람들이 공급업체, 고객, 직원들에게 잘 알려진 사람들이라면 얘기가 달라진다. 회사는 신생기업일지 몰라도 사람들은 그렇지 않으니까 말이다. 신생기업과 일할 때 발생하는 예측 불가한 요소가 다소 줄어든다.

마지막으로, 똑똑한 투자가들은 대개 신생기업에서 일할 사람들에게 관심이 많다. 그러니 사업계획서를 작성할 때 사람들에 대한 부분에 특별히 공을 들여야 한다. 벤처투자 전문기업은 보통 1년에 대

략 2천 개의 사업계획서를 받는다. 이 계획서들은 세상을 바꾸고 수십억 달러를 벌어들일 수 있는, 또는 그렇다고 주장하는, 흥미를 불러일으키는 신상품이나 서비스에 대한 아이디어로 채워져 있다.

그러나 대부분의 벤처 투자가들은 아이디어들은 흔해 빠진 것이며 중요한 것은 아이디어를 실현하는 스킬이라고 믿는다. 실례로 애플, 인텔, 텔레다인과 같은 기업의 태동에 관여했던 벤처 투자계의 전설인 아서 록(Arthur Rock)은 "나는 아이디어가 아니라 사람에 투자한다"고 강조했다. 아서 록은 또한 "좋은 인재를 찾는 것이 가장 중요하다. 제품에 대한 그들의 생각이 틀렸다면 제품을 바꾸면 된다. 그러니 애당초 그들이 이야기하는 제품을 이해하는 것이 무슨 소용이 있는가?"라고 말했다.

사업계획서 작성 담당자들은 사업제안서를 쓸 때 이 충고를 명심하고 사람들에 대해 남김없이 이야기해야 한다. 만약 그들이 내세울 만한 견고한 경험이나 능력이 없다면 벤처 창업에 대해 다시 생각해 봐야 한다.

기회

좋은 사업계획서는 기회와 관련하여 두 가지 질문에 초점을 맞추고 시작한다. 벤처기업의 제품이나 서비스를 판매할 전체 시장이 크거나 급성장 중인가, 혹은 둘 다에 해당하는가? 그 기업이 속한 산업이 현재나 미래의 구조적 매력도가 높은가? 창업가와 투자가는 큰 시장이나 급성장하는 시장을 찾는다. 이미 성숙하거나 정체된 시장에 뛰어들어 견고한 경쟁사들과 싸워가며 일부분을 얻는 것보다는 성장하는 시장에서 점유율을 얻는 게 더 수월하기 때문이다. 그렇기에 현명한 투자가들은 아직 발달 초기 단계에 있는 성장잠재력이 있는 시장을 찾는 데 많은 노력을 기울인다. 그런 시장은 그만큼 보상이 크기 때문이다. 실제로 대다수의 투자가들이 5년 안에 의미 있는 규모(즉 연매출 5천만 달러)에 도달하지 못할 기업에는 투자하지 않는다.

투자가들에게 매력도가 높은 시장이란 당연히 돈을 벌 수 있는 시장이다. 그러나 이것은 보기보다 쉽지 않다. 1970년대 후반에 컴퓨터 디스크 드라이브 산업은 매우 매력적으로 보였다. 당시 컴퓨터 디스크 드라이브는 새롭고 흥분되는 기술이었다. 수십 개의 회사들이 전문 투자가 군단의 도움을 받아 여기에 뛰어 들었다. 그러나 20년 후, 그 흥분은 경영진에게도 투자가에게도 남아 있지 않았다. 디스크 드라이브 업체들은 상표를 부착할 주문자인 생산업체(OEM 업체)와 최종사용자가 필요로 할 만한 제품을 설계해야 한다. OEM 업체에 제품을 파는 것은 복잡하다. 대개의 경우, 공급업체에 비해 고객사들이 규모가 크다. 비슷한 고품질의 디스크를 판매하는 경쟁자가 많이 있다. 게다가 제품의 라이프사이클은 짧은데 지속적으로 기술에 크게 투자해야 한다. 업계는 기술과 고객요구의 변화에 좌우된다. 심한 경쟁이 가격 경쟁으로 이어지고 마진도 따라서 낮아진다. 간단히 말해, 디스크 드라이브 산업에서는 돈을 많이 벌 수 없다. 즉 구조적으로 재난지역인 셈이다.

반대로, 정보서비스산업은 낙원이다. 블룸버

그(Bloomberg Financial Markets), 퍼스트콜(First Call Corporation)과 같이 재무시장에 데이터를 제공하는 기업들은 실질적으로 모든 경쟁 우위를 갖추고 있다. 첫째, 그들은 독자적 콘텐츠― 참고로, 전 세계 수만 명의 자산 관리자와 주식 애널리스트에게는 생명선과 같은 콘텐츠―를 조합하거나 생성할 수 있다. 그리고 많은 경우, 서비스를 개발하고 최초 고객을 획득하는 데 비용이 많이 들긴 하지만 일단 제대로 작동을 시작하면 고객들에게 매우 저렴하게 콘텐츠를 전달할 수 있다. 또한, 고객들이 서비스를 받기 전에 돈을 지불하므로 정말 멋진 현금흐름이 생성된다. 요약하자면, 정보서비스 산업의 구조는 매력적인 것을 넘어서서 매혹적인 수준이다. 블룸버그와 퍼스트콜의 이익 마진은 디스크 드라이브 사업을 부끄럽게 만들 정도다.

그러므로 벤처창업의 첫 단계는 규모가 크거나 성장하는 산업, 그리고 구조적 매력도가 높은 산업에 진입하는 것이다. 다음 단계는 이 사실을 사업계획서를 통해 완벽히 입증하는 것이다. 만약 성장성이나 매력도가 있는 산업에 진입하지 못하는 경우라면, 창업하려는 벤처기업이 어떤 방식으로 투자가들(그리고 같은 맥락에서 직원들이나 공급업체들)이 참여하고 싶을 정도의 충분한 이익을 창출해 낼 것인지를 사업계획서에 구체적으로 서술해야 한다.

이렇게 진입할 산업에 대해 검토를 하고 나면, 회사의 제품과 서비스를 어떻게 개발해서 시장에 출시할 것인지를 사업계획서에 상세히 기술해야 한다. 이때 몇 가지 질문들을 지침 삼아 논의를 진행해야 한다. (이 책의 끝에 있는 "이것이 정말 일생일대의 기회인가?"를 참고하기 바란다.)

이런 질문들에 대한 답을 찾는 과정에서 종종 비즈니스의 치명적 결점이 드러나곤 한다. 나는 "훌륭한" 제품을 갖고 있는 창업가들이 자신의 제품이 너무 비싸서 구매할 의향과 능력이 있는 고객을 찾을 수 없음을 깨닫는 것을 많이 봤다. 고객에게 경제적으로 타당하게 접근하는 것은 비즈니스의 기본이지만, 여전히 많은 창업가들은 일단 만들어 놓으면 고객은 온다는 "꿈의 구장" 방식으로 접근한다. 이런 전략이 영화에서는 통하겠지만, 현실 세계에서는 타당하지 못하다.

'새로운 제품이나 서비스에 대해 고객이 어떻게 반응할까'라는 질문에 답하는 건 늘 쉽지 않은 일이다. 시장은 예측하기도 어렵고 변덕도 심하다. (플러그인 방향제가 팔릴 거라고 누가 상상이나 했겠는가?) 내가 아는 한 창업가는 전자 뉴스 클리핑 서비스를 도입하려고, 벤처 투자가에게 자신의 아이디어를 설명했다. 그러나 그 투자가는 투자를 거절하면서 "나는 개(사람들)가 그런 사료(뉴스 클리핑 서비스)는 안 먹을 거라고 생각합니다."라고 말했다. 후일 그 회사가 상장되었을 때, 그 창업가는 투자가에게 빈 사료 한 캔과 사업내용 설명서를 익명의 소포로 보냈다고 한다. 만약 소비자들이 무엇을 구매할지 예측하는 게 쉬웠더라면, 기회라는 말도 존재하지 않았을 것이다.

사람들이 어떤 것에 얼마의 비용을 지불할지 예측하는 것이 어렵더라도, 사업계획서는 바로 그 내용을 다뤄야 한다. 때로는 가격이 원가보다 낮아야만 개들이 사료를 먹을 수도 있을 것이다. 투자가들은 언제나 가치가격 산정(Value Pricing)의 기회가 있는 시장, 다시 말해 제품의 생산원가는 낮지만 소비자들이 그 제품을 비싼 돈을 내고 구매하는 그런 시장을 찾는다. 마진이 적은 회사에 투자하고 싶어 죽겠다는 사람은 없다. 그렇지만 저렴한 제품과 서비스로도, 심지어 저렴한 생필품만을 판매해도 돈을 벌 수 있다. 그러므로 사업계획서는 신생 기업이 면밀하게 검토를 통해 가격 체계를 정했다는 것을 보여 줄 수 있어야 한다.

신생 벤처기업이 기회에 대한 질문을 다룰 때는 보통 직접 매출과 생산판매 비용에 초점이 맞춘다. 어느 정도는 이렇게 하는 게 맞다. 그러나 합리적인 제안서라면, 투자를 고려한 관점, 즉 대차대조표 측

면까지 고려한 관점을 반영하여 비즈니스 모델을 평가해야 한다. 이와 더불어 사업 기회를 추구하는 것이 현금흐름에 어떤 영향을 미치는지 이해할 수 있도록 다음과 같은 질문들도 함께 다루어야 한다.

- 회사가 언제 비품, 원자재 등의 자원을 구매하고 사람을 채용하는가?

- 회사가 그 비용을 언제 지불하는가?

- 한 명의 고객을 획득하는 데 얼마나 시간이 걸리는가?

- 그 고객이 회사에 수표를 써서 보내기까지 얼마나 시간이 걸리는가?

- 1달러의 매출을 올리는 데 어느 정도의 자본 설비가 필요한가?

물론 투자가들은 싼 가격에 만든 제품을 비싸게 팔고, 수금은 일찍 하되 비용 지불은 늦게 하는 그런 회사를 찾고 싶어한다. 그래서 사업계획서는 신생 기업이 이런 이상형에 얼마나 가까워질 수 있을지에 대한 기대치를 명확히 수립해야 한다. 비록 그 답이 "전혀 가까워질 수 없다"라고 해도—대개의 경우가 그렇다—저 너머에 있는 진실을 얘기해야 하는 것이다.

또한 사업계획서는 기회와 관련된 몇 가지 이슈를 추가적으로 다뤄야 한다. 첫째, 성장의 기회—다시 말해, 신생 벤처기업이 제품이나 서비스, 고객 기반, 지리적 반경의 폭을 확대할 수 있는지—에 대해 증명하고 분석해야 한다. 실제로 어떤 기업들은 새로운 파이프라인을 만들어서 경제적으로 타당성 있는 매출흐름을 창출해 낸다. 예를 들어 "잉크(Inc.)"는 잡지 출판에서 시작하여 창업가 정신에 대한 세미나, 서적, 비디오를 아우르며 제품 라인을 확장하였다. 또 다른 예로 인튜이트(Intuit)는 개인 재무관리 소프트웨어 프로그램 퀴큰(Quicken)의 성공을 바탕으로 하여, 현재는 전자뱅킹, 소기업회계, 세금신고, 개인 프린팅기기와 온라인정보서비스 등 수익성 높은 파생서비스를 제공하는 다양한 소프트웨어를 판매하고 있다.

많은 사업계획서들이 신생 벤처의 성장과 확장 잠재력이라는 주제에 대해서는 차고 넘치게 다룬다. 그러나 이와 동시에 신생 벤처가 어떻게 하면 기회의 함정에 빠지지 않을지에 대해서도 차고 넘치게 설명해야 한다. 기회의 함정 중 하나는 구조적 매력도가 낮은 산업에 진출하는 일인데, 이것은 이미 앞에서 설명한 바 있다. 이 외에 다른 함정들도 있다. 예를 들자면, 발명의 세계는 위험투성이다. 나는 지난 15년간 더 나은 쥐덫—비행기에서 사용하는 부풀릴 수 있는 베개부터 자동 주차시스템에 이르기까지 최신 발명품들—을 만들어 낸 수십 명의 발명가들을 보아 왔다. 그러나 이런 아이디어에서 시작된 회사가 성공한 사례는 찾기 힘들다. 그 이유를 확실히 알 수는 없다. 어떤 경우에는 발명가가 사업체를 운영하는 데 필요한 돈을 지출하거나 보상을 남들과 공유하지 않아서 실패했다. 또 어떤 경우에는 발명가가 자신의 발명품에 너무 집착한 나머지 고객을 간과해서 실패했다. 이유가 무엇이든, 이상하게도 "더 나은 쥐덫" 비즈니스는 성공하지 못했다.

사업계획서가, 그리고 창업가가 조심해야 하는 또 다른 기회의 함정은 차익거래(arbitrage)이다. 차익거래는 까다롭다. 일반적으로 차익거래 벤처기업은 시장에서의 가격 차이를 이용하기 위해 만들어진다. 실례로, MCI커뮤니케이션사(MCI Communications Corporation)는 AT&T보다 낮은 가격에 장거리 서비스를 제공하기 위해 만들어졌다. 오늘날 진행 중인 일부 기업 합병은 또 다른 종류의 차익거래라고 할 수 있다. 이러한 차익거래는 여러 개의 소기업을 도매가격으로 인수한 다음 하나로 합쳐서 큰 패키지로 만든 후에 소매가격으로 기업공개를 하는 것인데, 그 과정에서 반드시 가치가 창출되는 것은 아니다.

차익거래 기회를 이용해서 비즈니스를 창업하는 것은 타당성 있고 잠재적으로 수익성도 있는 방법이다. 그러나 최종적으로 분석을 해 보면 차익거래에서 생긴 기회는 증발해 버린다. 이것은 증발 하느냐 마느냐가 아니라, 언제 증발하느냐의 문제이다. 따라서 이렇게 시작한 사업이 성공하려면, 차익거래에서 발생한 이익을 바탕으로 견고한 사업 모델을 구축해야 한다. 그리고 사업계획서에 그 방법과 시기를 잘 설명해 놓아야 한다.

다음으로 경쟁에 관해서 얘기해 보겠다. 사업계획서라면 경쟁에 대해 신중하고 철저히 검토, 분석하는 게 당연하지만 그렇지 못한 경우도 있다. 사실 경쟁에 대한 내용을 빼먹는 건 너무나 훤히 보이는 실수다. 경쟁과 관련해서 첫 번째로, 사업계획서에는 다음의 질문에 대한 답이 있어야 한다.

- 현재 누가 신생 벤처기업의 경쟁자인가?

- 그 경쟁자들은 어떤 자원을 통제하고 있는 가? 또한 그들의 강점과 약점은 무엇인가?

- 경쟁자들은 신생 벤처기업의 시장진입 결정에 어떻게 대응할 것인가?

- 이런 경쟁자들의 반응에 신생 벤처기업은 어떻게 대응할 것인가?

- 그 밖에 또 누가, 동일한 기회를 발견하여 이용할 수 있을 것인가?

- 연맹을 결성하여 잠재적, 실제적 경쟁자들과 협력할 수 있는 방법이 있는가?

사업은 체스와 같아서 승리하려면 미리 대여섯 수를 내다봐야 한다. 누구도 따라올 수 없는 선도적 지위나 독점적 지위를 가진 사업을 하겠다는 건 너무나 순진한 생각일 뿐이다. 사업계획서에서 경쟁을 비롯하여 전반적인 기회에 대해 논의할 때 명심할 것이 있다. 기회가 제시하는 성공의 약속뿐만 아니라 기회가 갖고 있는 취약점까지 숨기지 않고 기술해야만 좋은 사업계획서가 될 수 있다는 것이다. 이렇게 해야 창업가 팀이 앞으로 벌어질 좋은 일, 나쁜 일, 추악한 일에 대해 잘 알고 있음을 증명할 수 있다.

상황

기회는 상황 속에서 존재한다. 한 편으로 상황이란 경제활동 수준, 물가상승률, 환율, 금리를 포함한 거시경제 환경을 의미한다. 또 한편으로 상황에는 기회에 영향을 미치고 기회를 활용하기 위한 자원의 구성 방법에 영향을 미치는 각종 법규와 규제가 포함된다. 이러한 법규와 규제에는 세제 정책부터 비공개 회사나 공개회사의 자본조달에 대한 법규에 이르기까지 다양한 규제가 포함된다. 그리고 기업과 그 경쟁자들의 성취할 수 있는 한계를 결정짓는 기술과 같은 요인도 상황에 포함된다.

상황은 기업이 기회를 파악해서 수확을 내기까지 모든 과정에 엄청난 영향을 미친다. 경우에 따라서는 상황적 요소의 변화가 기회를 창출하기도 한다. 1970년대 말 항공 산업의 규제가 풀렸을 때 100여 개의 기업이 생겨났다. 자금조달 상황이 매우 우호적이어서, 피플 익스프레스 항공(People Express Airlines) 같은 신생 기업들은 운영을 시작하기도 전에 공개 시장에서 자본을 조달할 수 있었다.

이와 반대로 시기적으로 신생 기업의 창업이 어려운 상황도 있다. 1990년대 초의 경우는 경기 침체와 맞물려 신생 기업이 자금을 조달하기 어려운 환경이 조성되었다. 벤처에 대한 투자도 적었고 공개시장에서 조달할 수 있는 자본의 금액도 적었다. (역설적이지만, 신생 기업의 시장 진입을 어렵게 만든 까다로운 자금 조달 조건이 90년대 후반 자본시장의 과열과 함께 투자이익이 급등하는 원인을 제공하였다.)

때로는 상황이 바뀌어서 매력이 없던 회사가 매력적이 되거나 그 반대의 경우가 생기곤 한다. 일례로, 수년 전 실적이 너무 형편없어서 경매에 부쳐질 지경이었던 포장회사가 있었다. 이때 타이레놀 독극물 주입으로 여러 명이 목숨을 잃는 사건이 발생했다. 그런데 마침 이 포장회사는 위조방지마개를 효율적으로 부착할 수 있는 기술을 보유하고 있었고, 그 결과 불과 몇 주 만에 재무성과가 놀라울 정도로 달라졌다. 그 반대의 경우도 있다. 1986년 미국 정부가 세제개혁을 하면서 투자에 대한 긍정적인 인센티브를 거의 다 없애버린 적이 있었다. 그 결과 부동산 사업을 하던 기업들이 큰 피해를 보았다. 결국 새로운 세법이 시행되고 얼마 지나지 않아 과거에 잘 나가던 회사들이 폐업을 하게 되었다.

그러므로 사업계획서는 회사가 상황을 이해하고 있다는 증거를 제시해야 한다. 첫째로, 창업가 본인이 신생 벤처의 상황에 대해 정확히 이해하고 있음을 보여주고, 그러한 상황이 사업계획에 어떤 식으로 도움이 되는지 혹은 방해가 되는지를 설명해야 한다. 둘째로 더 중요한 것은, 벤처기업이 처한 상황이 불가피하게 변할 수 있다는 점을 인지하고 있음을 보여주고 상황의 변화가 사업에 미칠 영향에 대해 기술하는 일이다. 더 나아가 상황이 불리하게 변하는 경우 경영진이 어떻게 대처할 수 있는지(할 것인지)를 상세히 설명해야 한다. 끝으로 가능한 경우에는 경영진이 상황에 긍정적인 영향을 미칠 방법에 대해서도 적으면 좋다. 예를 들어 로비 활동을 통해 규제나 업계표준 수립에 영향을 줄 수 있다면 그런 내용을 적어야 한다.

위험과 보수

상황이 갖고 있는 유동적인 성격은 지금부터 설명할 프레임워크의 네 번째 요소와 직접적으로 연결된다. 네 번째 요소는 위험과 위험관리방안에 대한 논의이다. 좋은 사업계획서란 미래의 사건을 찍어 놓은 스냅사진과 같다고 생각한다. 일단, 미지의 것을 사진으로 찍는 일 자체가 상당히 어렵다. 그러나 최고의 사업계획서는 단순한 미래의 사진이 아니라, 미래를 보여주는 영화와 같은 역할을 한다. 즉 사람들, 기회, 상황이라는 요소를 여러 각도로 보여준다. 또한 개연성 있고 일관성 있는 이야기를 통해 다가올 미래에 대해 설명한다. 그리고 작용과 반작용의 확률을 펼쳐서 보여준다.

좋은 사업계획서에는 사람들, 기회, 상황을 움직이는 목표물(moving target)의 개념으로 설명한다. 신생기업이 중견기업으로 진화함에 따라 이런 세 가지 요소와 그들 간의 상호관계 역시 변화할 가능성이 크다. 그러므로 긴 시간을 들여서 작성하고 읽을 만한 가치가 있는 사업계획서라면 창업 프로세스의 역동성에 주의를 기울여야 한다.

물론 미래를 예측하는 것은 어렵다. 하지만 신

생 벤처기업에 투자를 했을 경우 발생할 위험과 보수의 규모와 종류에 대해 투자가들이 어느 정도 감을 잡게 할 수는 있다. 사실 연필 한 자루와 간단한 그림 두 개만 있으면 된다. (이 책의 끝에 있는 "위험과 보수의 시각화"를 참고하기 바란다.) 그러나 아무리 그림을 그려 설명한다고 해도 위험은, 결국 위험하다. 결과가 어떤 정해진 분포확률에 따라 나오는 것은 아니니까 말이다. 성공의 확률을 높이고 문제발생의 확률과 영향을 줄이는 것은 궁극적으로 경영진의 책임이다.

사람들이 창업가에 대해 크게 잘못 알고 있는 사실 중 하나는 창업가가 위험을 쫓는다는 것이다. 그러나 제정신인 사람이라면 위험을 피하려고 한다. 하버드 경영대학원 교수이자 벤처 투자가인 하워드 스티븐슨이 말했듯이, 실제 창업가들은 남에게는 위험을 주고 자기가 모든 보수를 갖고 싶어한다. 이렇게 본다면 최고의 사업은 사람들이 보내주는 수표를 받는 우편함을 운영하는 것이다. 하지만 현실에서 위험을 피할 수는 없다. 그렇다면 사업계획서에서 이 것은 무슨 의미인가?

이것은 사업계획서가 사람, 기회, 상황이라는 측면에서, 미래에 닥칠 수 있는 위험을 위축되지 않고 직면한다는 것을 의미한다. 만약 신생 벤처기업의 리더 중 한 명이 회사를 떠난다면 어떻게 될까? 경쟁자가 예상보다 격렬하게 대응하면 어떻게 될까? 핵심 원자재의 원천인 나미비아에 혁명이 발생하면 어떻게 될까? 경영진은 실제로 무엇을 할 것인가?

이것들은 창업가, 특히 자본을 조달하려는 창업

가 입장에서는 제기하기 어려운 질문이다. 그러나 이런 질문을 던져서 확고한 답을 제시하는 창업가들에게는 더 나은 거래가 기다리고 있다. 예를 들어 신생 벤처기업의 채무비율이 높아서 금리에 매우 민감할 수 있다고 하자. 이 회사의 사업계획서에 경영진이 금융선물시장에서 금리 상승시 이익이 생기는 선물을 매수하여 부채 위험을 헷지할 것이라 적혀 있다면 크게 도움이 될 것이다. 이것은 투자가들에게는 보험과 같기 때문이다. (또한 경영적 측면에서도 합리적인 방법이다.)

마지막으로, 위험과 보수의 관리 영역에서 중요한 분야는 수확과 관련이 있다. 벤처 투자가들은 종종 회사가 "IPO를 할 수 있는지"를 묻는데, 그 의미는 회사가 미래 어느 시점에 상장이 가능한지를 묻는 것이다. (이 책의 끝에 있는 "사업계획서 용어 사전"을 참고하기 바란다.) 어떤 사업들의 경우는 상장을 했을 때 정보가 공개되면서 경쟁력이 손상되기 때문에 태생적으로 상장하기가 어렵다. (예컨대, 수익성 정보가 공개되면 경쟁자들이 그 시장에 진입하게 되거나 또는 고객, 공급업체의 분노를 사게 되는 경우가 여기에 해당한다.) 어떤 벤처기업들은 회사가 아니라 제품 그 자체인 경우가 있다. 이런 경우는 독립적인 사업체로서 오랜 기간 지속하기가 어렵다.

그러므로 사업계획서는 과정의 끝에 대해 솔직히 이야기해야 한다. 사업이 미미하나마 성공적이라면, 투자가는 마지막에 어떻게 투자금을 회수할 것인가? 전문가들은 투자할 때 폭 넓은 출구 옵션을 가진 회사들을 좋아한다. 또한 계속해서 이러한 출구 옵션들을 유지하고 확대하기 위해 노력하는 회사들을 좋아한다. 반면 그렇지 못한 회사들은 생각 없이 언젠가 자신을 인수할 수 있는 대기업과 제휴를 맺는다. 투자가들은 벤처기업이 처음부터 최종단계를 논의할 경우 그 기업의 위험도를 더 긍정적으로 평가한다. 옛말에 "어디로 가야 할지를 모른다면 어느 길로 가든 상관없다"는 말이 있다. 그러나 합리적인 기업 전략을 수립할 때는 그 반대의 방법을 택해야 맞다. 다시 말해, 자신의 종착지를 알고 거기까지 가는 지도를 준비해야 한다. 사업계획서에는 그 지도가 그려져 있어야 한다. 여행자라면 알겠지만 방향을 알면 여행이 덜 위험해진다.

거래, 그 이상

사업계획서를 작성하는 일차적 목표는 물론 거래를
성사시키는 것이다. 이 주제만으로도 책 한 권을 쓸
수 있지만, 이와 관련해서는 몇 마디만 하겠다.

벤처를 창업해서 투자를 받고자 하는 젊은 (그리
고 나이 든) 창업가들과 얘기를 해 보면 자신의 벤처
에 대한 가치평가와 투자 조건에 집착하는 경우가

많다. 곁에서 보기에 그들의 목표는 마치 자본 조달 과정에서 기업 가치의 희석을 최소화하는 일인 듯하다. 그러나 이와 동시에 그들은 자신들이 사업을 키워가는 동안 나무처럼 수동적으로 가만히 있을 투자가를 암암리에 찾고 있다. 투자가의 먹이사슬에서 의사와 치과의사는 최고인 반면 벤처 투자가들은 최악인 듯하다. 후자는 통제권과 더불어 이익의 많은 부분을 원하기 때문이다.

그러나 이런 생각은 고통스러울 정도로 상세한 재무예측이 유용하다는 생각만큼이나 터무니가 없다. 왜냐하면 자본을 조달해 주는 대상이 투자조건보다 더 중요한 경우가 많기 때문이다. 말했듯이 신생 벤처기업은 태생적으로 많은 위험을 가지고 있다. 잘못될 수 있는 것은 결국 잘못될 것이다. 그렇게 됐을 때, 단순한 투자가는 패닉 상태에 빠져 분노하면서 회사에 더 이상의 선금을 지급하지 않겠다고 한다. 반대로, 수준 높은 투자가는 소매를 걷어 붙이고 회사가 문제를 해결하도록 돕는다. 이런 투자가는 이미 가라앉는 배를 구해 낸 경험이 풍부한 경우가 많다. 그들은 프로세스를 잘 이해하고 있는 경우가 많다. 합리적인 사업 전략과 강력한 전술 계획을 수립하는 방법에 대해 이해하고 있다. 어떻게 팀원들을 채용하고 보상하며 동기를 유발할 수 있는지를 잘 알고 있다. 또한 대부분의 창업가가 일생에 한 번은 직면하게 되는 기업공개라는 복잡 미묘한 작업을 세세한 부분까지 익숙하게 알고 있다. 이런 종류의 노하우는 돈을 주고 살 만한 가치가 있다.

기업의 자금조달과 직접적으로 관련이 있는 오

래된 표현 중에 "너무 똑똑해서 탈이다"라는 말이 있다. 종종 거래 당사자들이 매우 창의적인 방법으로 각종 지급과 옵션 프로그램을 만들어내서 거래를 성사시키는 경우가 있다. 그러나 이런 방법은 대개 역효과가 난다. 나의 거듭된 경험에 따르면 합리적인 거래는 다음의 6가지 특성을 가지고 있다.

- 단순하다.

- 공정하다.

- 법률적 유대보다 신뢰를 강조한다.

- 실제 실적이 계획과 조금 다르다고 해서 깨지지 않는다.

- 한쪽 혹은 양쪽 당사자의 파괴적 행동을 조장하는 비뚤어진 인센티브를 제공하지 않는다.

- 거래 내용이 담긴 문서의 두께는 0.6cm를 넘지 않는다.

그러나 심지어 이런 단순한 6가지 규칙에도 중요한 점이 빠져 있다. 거래란 정적인 것이 아니라는 점, 다시 말해 투자되는 일시금의 성격을 협상하는 데 쓰이는 일회성 문서가 되어서는 안 된다는 것이다. 창업가들이 자금을 조달하기에 앞서 반드시 자본획득을 역동적 프로세스로 간주하여, 자신에게 필요한 돈이 얼마이며 그 돈이 언제 필요할지에 대해 충분히 생각해 두어야 한다.

이렇게 하려면 창업가 팀이 벤처 창업을 일련의 실험으로 접근해야 한다. 사업 전체를 론칭하기 전에 일부분만 론칭하라. 포커스 그룹을 소집하여 제품을 테스트하고, 프로토타입을 만들어서 성능을 검사하고, 특정 지역이나 지방에서 서비스를 개시해 보라. 이런 연습을 통해서 비즈니스의 진정한 경제성이 드러나고, 신생 벤처기업이 실제로 어떤 단계에서 얼마의 자금을 필요로 할지 결정하는 데 큰 도움이 된다. 창업가와 투자가는 중요한 실험을 할 때마다 실험에 필요한 충분한 자금을 모으고 투자해야 한다. 물론 이런 실험이 비용이 많이 들고 위험하다고 느낄 수도 있다. 그러나 나는 이런 실험을 통해 재난을 예방하고 성공 확률을 높이는 것을 보아 왔다. 그래서 나는 이런 실험이야말로 성공적인 거래를 만드는 전제조건이라고 생각한다.

걸림돌을 조심하라

사업계획서 작성 담당자가 저지르는 죄 중에 교만이 있다. 오늘날의 경제에서 독점적 아이디어라는 것은 거의 없다. 게다가 역사가 기록된 이래 자본의 공급이 기회의 공급을 앞선 적은 없었다. 기회의 진정한 반감기는 시간의 흐름에 따라 감소한다.

사업계획서는 창업가 팀을 망각으로 끌고 들어

가는 걸림돌이 되어서는 안 된다. 오히려 사업계획서가 경영진의 행동을 촉구하고 잘못된 것을 실시간으로 적극 해결해야 할 경영진의 책임을 인식시키는 역할을 해야 한다. 위험이란 불가피한 것이며 위험을 피하는 것은 불가능하다. 위험관리는 벤처기업이 항상 위험을 멀리하고 더 많은 보상을 얻도록 도와주는 열쇠이다.

벤처의 사업계획서는 회사가 기회 파악에서 수확에 이르기까지 전체 창업 프로세스에 통달했다는 것을 증명해야 한다. 절대로 자신의 치명적인 결점을 숨겨서 의심하지 않는 투자가의 돈을 뺏어 오는 수단이 되어서는 안 된다. 왜냐하면 그러한 최종 분석은 창업가 본인을 속이는 것일 뿐이기 때문이다.

오늘날 우리는 창업가 정신의 황금기에 살고 있다. 비록 지난 20년간 포춘 500대 기업의 일자리가 5백만 개 줄었다지만, 시장 전체로는 거의 300만 개의 일자리가 생겨났다. 이런 일자리의 대다수는 시스코 시스템(Cisco Systems), 제넨텍(Genentech), 마이크로소프트(Microsoft)와 같이 창업가 정신을 가진 벤처 기업에 의해 만들어졌다. 이들 기업은 모두 사업계획서에서 출발했다. 이것이 그들의 성공 이유인가? 확실히 알 수는 없다. 그러나 성공의 재료가 되는 사람들, 기회, 상황, 위험 및 보수에 대한 그림을 상세하고 솔직하게 그려낸 사업계획서가 지극히 중요하다는 점에는 의심의 여지가 없다. 미래를 보여주는 수정 구슬이 없는 한, 올바른 정보와 분석으로 만들어진 사업계획서는 필수적이라 하겠다.

사업계획서는
창업가만을 위한 것인가?

이 책에서 다룬 것은 우리에게 친숙한, 창업가를 위한 도구로서의 사업계획서다. 그러나 기존 기업 내의 사내벤처 창업도 많이 이뤄지고 있다. 이런 사내벤처도 사업계획서가 필요한가? 그렇다면, 창업가들이 작성하는 사업계획서와 달라야 하는가?

첫 번째 질문의 답은 당연히 '그렇다'이며, 두 번

째 질문에 대한 답은, 당연히 '아니다'이다. 모든 신생 벤처기업은 벤처 투자가의 투자를 받든 사내벤처의 경우와 같이 주주의 투자를 받든 동일한 검증을 통과해야 한다. 시장은 제품과 서비스에 투자한 게 누구인지에 따라 제품과 서비스를 차별하지 않기 때문이다.

사실 사내벤처 창업도 독립 창업가의 벤처만큼 상세한 분석이 필요하지만 실제로는 그렇지 못하다. 대기업 내에서 신규 사업을 제안할 때는 자본과 예산 배정을 요청하는 형식을 취한다. 이러한 특징 없는 문서들로 구성된 프로젝트는, 프로젝트 관리체계의 "중성자 폭탄" 모델이라고 불리는 명령 체계를 이동해 가면서 세밀한 재무적 검토와 합의 도출 과정을 거친다. 그러나 역사상 이런 프로젝트 중에 기업의 허들 레이트(Huddle Rate. 기업의 승인을 받기 위한 최소 기준-옮긴이)를 넘어서는 이익을 약속하지 않는 계획이 제출된 적은 없었다. 그리고 사내벤처가 사업을 시작하고 나서야, 계획에 나와 있는 숫자들이 모두 틀리다는 것을 알게 된다.

만약 사내벤처 창업이 이 책에 나와 있는 가이드라인을 따른다면 그런 문제를 대부분 피할 수 있다. 예컨대 사내벤처의 사업계획서는 관련된 모든 사람들의 이력서로 시작해야 하며 그 팀이 과거에 미래 성공을 암시할 만한 어떤 일을 했는가 등을 기술해야 하고, 사내벤처의 제품 및 서비스와 관련된 기회와 상황을 완벽히 분석해야 한다. 이러한 원칙에 따른 검토 프로세스를 거치게 되면 처음부터 사내벤처의 강점과 약점을 파악하여 관리자가 강약점을 제대로 관리하는 데 도움이 된다.

만약 사내벤처가 사업을 시작한 후에도 이런 원칙을 계속해서 지킨다면 크게 도움이 될 것이다. 전문 벤처 투자가는 신생 기업에 투자한 후 당연히 기업의 성과를 추적 관리한다. 그러나 많은 경우 대기업이 사내벤처에 대해 검토할 때는 일관성이 없다. 물론 그래선 안 된다. 사업계획서는 관리자가 다음과 같은 질문을 던지도록 도와준다. 신생 벤처기업이 예상과 비교해 어떻게 하고 있는가? 새로운 정보에 대응하여 팀은 무슨 결정을 내렸는가? 변화된 상황으로 말미암은 추가 투자가 필요한가? 어떻게 해야 팀이 그런 변화를 예측할 수 있었겠는가? 이런 질문들은 신생 벤처가 순조롭게 운영되도록 할 뿐만 아니라 조직이 실수와 성공에서 배울 수 있도록 도와준다.

성공한 많은 기업들이 벤처 투자가의 도움으로
설립되었다. 사실 대기업들도 그런 내재된 기회를 활
용할 수 있었을 것이다. 그런데 왜 못했을까? 독립적
인 벤처기업의 세계를 연구한다면 아마도 유용한 교
훈을 배울 수 있을 것이다. 그 교훈 중 하나는 훌륭
한 사업계획서를 쓰라는 것이다.

그런데
이 사람들은 누구인가?

다음은 모든 사업계획서가 답해야 하는 14개의 "개인적" 질문이다.

- 창립자의 고향은 어디인가?

- 창립자는 어디에서 교육을 받았는가?

- 어디에서 누구와 일했는가?

- 그들은 과거에 직업적으로 또 개인적으로 무

엇을 성취했는가?

- 업계 내에서 그들의 평판은 어떠한가?

- 그들은 자신이 추구하는 기회와 직접 관련이 있는 어떠한 경험을 가지고 있는가?

- 그들은 어떤 스킬, 능력, 지식을 가지고 있는가?

- 벤처기업은 성공 확률과 앞으로 겪게 될 어려움에 대해 얼마나 현실적으로 생각하고 있는가?

- 그 팀에 추가로 필요한 사람은 누구인가?

- 그들은 고급 인재를 채용할 준비가 되어 있는가?

- 그들은 시련에 어떻게 대응할 것인가?

- 불가피하게 어려운 선택을 해야 할 때 결단을 내릴 수 있는 패기가 있는가?

- 그들은 이 벤처기업에 얼마나 열정을 가지고 있는가?
- 무엇이 그들에게 의욕을 불어 넣는가?
- "이것이 정말 일생일대의 기회인가?"

모든 사업계획서가 답해야 할 사업에 대한 9가지 질문:

- 신생 벤처기업의 고객은 누구인가?
- 그 고객은 이 제품 또는 서비스의 구매 결정을 어떻게 내리는가?
- 고객이 제품 또는 서비스에 어느 정도로 강렬한 구매 욕구를 느끼는가?
- 제품 또는 서비스의 가격은 어떻게 정할 것인

가?

- 벤처기업은 목표로 하는 고객층에 어떻게 접근할 것인가?

- 고객을 획득하는 데 얼마의 비용(시간 및 자원)이 드는가?

- 제품 또는 서비스를 만들고 전달하는 데 얼마의 비용이 드는가?

- 고객 지원에 얼마의 비용이 드는가?

- 고객을 유지하는 게 얼마나 쉬운가?

위험과 보수의 시각화

신생 벤처기업이 사업계획서에서 위험과 보수를 다룰 때 유용한 역할을 하는 두 개의 그래프가 있다. 어쩌면 그래프라는 표현보다는 위험과 보수의 상관관계, 다시 말해 기회와 기회의 경제학의 관계를 설명하는 도식화된 그림이라는 표현이 정확하겠다. 이 그림들이 비록 고급 금융기법에 기반을 둔 것은 아니지만, 수백 페이지에 달하는 차트와 글보다 많은 것을 투자가에게 말해 준다.

첫 번째 그림은 벤처를 설립하는 데 필요한 자금, 현금흐름이 생성되는 데 소요되는 시간, 예상되는 이익의 정도를 보여준다.

이 그림을 보면 현금흐름이 마이너스로 어느 정도까지 떨어지고 그 기간은 어느 정도인지, 그리고 투자와 가능한 이익 사이의 관계가 어떤지를 이해하는 데 도움이 된다. 두말할 나위 없이 현금흐름이 일찍, 자주 생성되는 것이 가장 이상적이다. 하지만 대부분의 투자가는 현금의 유입이 유출보다 많기만 하다면, 비록 현금유출의 규모가 크고 기간이 길더라도 흥미를 보일 것이다.

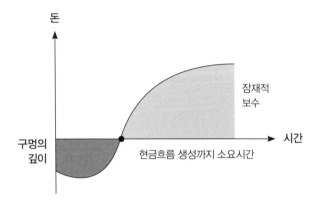

물론, 벤처창업의 세계에는 무모한 낙관주의자가 가득하기 때문에, 아마도 실제보다 구멍의 깊이는 얕고 보수는 더 가파르게 증가하는 모습으로 그릴 거라고 봐야 한다. 실제로도 그렇게들 그린다. 하지만 그런 그림도 사업계획서의 중요한 부분이다. 왜냐하면 그런 그림은 투자가에게 이 벤처 경영진은 현실을 전혀 모르니 투자를 하지 말라는 경고의 역할을 하기 때문이다.

두 번째 그림은 첫 번째 그림과 상호 보완적인 것으로 투자가들이 얻을 수 있는 이익의 범위와 그 이익의 실현 확률을 보여준다. 그림에 나와 있는 예시에서는 투자가들이 벤처에 투자할 돈으로 차라리 벽에 도배를 하는 게 더 나을 확률이 15%라는 것을 볼 수 있다. 그래프의 평평한 부분은 손해를 적게 볼 확률이 매우 낮다는 것을 보여준다.

회사는 완전히 망할 수도 있고 충분한 가치를 창출해서 긍정적인 이익을 낼 수도 있다. 그래프 중간에 솟아오른 부분은 같은 기간에 15~45%의 이익을 낼 확률이 크다는 것을 보여준다. 그리고 마지막으로 아주 낮긴 하지만, 최초의 현금투자가 200%의 내부 수익률을 낼 확률이 있다. 이해를 돕자면, 이것은 당신이 마이크로소프트가 아직 개인 회사였을 때 투자를 했다면 가능한 정도의 확률이다.

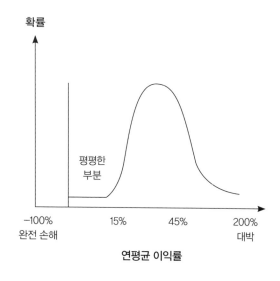

연평균 이익률

투자가는 이 그림을 보고 사업계획서에서 제안하는 투자의 등급을 판단할 수 있다. 신생 벤처기업이 북해에 유전을 발굴하는 것과 같은, 고위험 고수익 사업을 하려는 것인가? 아니면 텍사스에 유정을 시추하는 것과 같이, 지리적으로 볼 때 큰 도박이 아니고 따라서 수익성도 다소 낮은 사업을 하려는 것인가? 이 그림은 그런 질문에 대한 답을 제시한다. 그 후에, 어떤 가능성을 위해 얼마나 큰 위험을 감수할지를 결정하는 것은 투자가의 몫이다.

다시 말하지만, 사업계획서를 작성하는 사람들은 이런 그림을 그릴 때 고수익의 확률은 높고 손해가 날 확률은 미미해 보이도록 그리려는 경향이 있다. 거듭 말하지만 여기에 이 그림의 묘미가 있다. 투자가가 이 그림에서 주장하는 바를 자신의 현실 감각과 경험에 비추어 판단할 수 있다면 이 간단한 그림이 사실상 매수자 위험부담 원칙을 보여줄 것이다.

사업계획서 용어 노트

이 말은...	사실 이런 뜻이다
보수적으로 예측했다...	책을 읽어 보니 5년 안에 연매출 5천만 불 기업이 되어야 한다고 하길래, 이것을 역산해서 숫자를 만들었다.
최선의 가정을 2로 나누었다.	실수로 가정을 0.5로 나누었다.
10% 마진을 예측한다.	인터넷에서 다운로드를 받은 가정들을 하나도 수정하지 않고 사업계획서에 그대로 사용했다.

프로젝트가 98% 완료되었다.	나머지 2%를 끝내려면 앞의 98%를 완료하는 데 걸린 만큼의 시간과 두 배의 비용이 필요하다.
우리의 비즈니스 모델은 검증되었다...	지난주에 최고의 실적을 낸 50개 사업장의 업적을 나머지 사업장에도 똑같이 적용한 것을 근거로 한다면
납품 소요기간이 6개월이다.	납품 소요기간이 6개월인 다른 사례가 얼마나 많은지 조사해 보지는 않았다.
우리는 시장의 10%만 차지하면 된다.	투자를 받아 시장에 진입하려는 다른 50개 회사도 마찬가지다.
고객들은 우리 제품이 출시되기를 고대하고 있다	아직 고객들에게 돈을 내고 제품을 구입하라고 요청한 것을 있다. 또 현재의 고객들은 모두 우리의 친인척이다.
우리는 저비용 생산업체이다.	아직 아무것도 생산해본 적은 없지만, 그럴 거라고 확신한다.

경쟁자가 없다.	IBM, 마이크로소프트, 넷스케이프, 썬 만이 이 사업에 뛰어 들겠다고 발표했을 뿐이다.
우리 경영진은 경험이 풍부하다.	제품과 서비스를 소비해 본 경험 말이다.
엄선한 투자가들이 우리 사업계획을 검토 중이다.	Pratt's Guide(사모 투자, 벤처 투자가를 위한 기업 안내서_옮긴이) 에 있는 모두에게 사업계획서를 한 부씩 보냈다.
우리는 부가가치 투자가를 찾고 있다	우리는 수동적이고 멍청한 투자가를 찾고 있다.
우리 계약조건으로 투자하면 68%의 내부 수익률을 얻을 것이다	모든 일이 계획대로 잘되기만 하면, 원금은 돌려받을 수 있을 것이다.

_____

_____

_____

_____

_____

_____

_____

_____

_____

유엑스 리뷰

유엑스리뷰는 쉽게 팔리는 책보다 오래 읽히는 책을 지향합니다.
오래 두고 읽을 수 있는 책, 앞서 나가는 리더를 위한
통찰을 담은 책을 만들기 위해 노력하겠습니다.